Couvertures supérieure et inférieure
manquantes

La mainmorte en Franche-Comté

Par C. Boissonnet, Sous-Intendant militaire en retraite.

(Ouvrage couronné par la Société d'Agriculture, Sciences et Arts de Poligny.)

A la Révolution, la mainmorte déjà bien amoindrie et supprimée définitivement sur les terres du domaine royal, a fini par disparaître complètement et ce n'est plus qu'un souvenir. Cependant 10 ans avant la Révolution, dom P. Ph. Grappin a publié une *Dissertation sur l'origine des droits de mainmorte dans le Comté de Bourgogne*, dans laquelle il établit les droits du seigneur sur les hommes de condition servile et dans laquelle il prétend que la condition de mainmortable était d'une manière générale bien plus avantageuse pour les couches inférieures des populations agricoles que celle de *franchise*.

Après dom Grappin, un autre Franc-Comtois, M. Hugon, faisait publier en 1857, chez Jacquin, à Besançon, une histoire de *La Franche-Comté ancienne et moderne* dans laquelle il reprend et il approuve toutes les idées de dom Grappin sur la position des mainmortables, mais sans entrer dans aucun des détails de cette condition, question bien ardue et que la lecture de l'ouvrage de Dunod suffisait à faire aussitôt abandonner, car on n'y trouve ni principes, ni règles fixes, mais plutôt une série de coutumes qui ne concordent nullement entre elles.

En laissant de côté tout ce que l'étude de la législation de la mainmorte a d'aride, outre que celle-ci ne présente plus aucun intérêt aujourd'hui, il y a cependant à ce propos bien des faits curieux à relever dans le passé. On nous saura peut-être gré ou du moins on nous pardonnera sans doute de parler d'une manière générale de cette question de la mainmorte, de montrer en quoi elle se rattache à l'histoire et de reproduire des documents authentiques, des actes d'affranchissement qui prouvent bien par quels liens le *mainmortable* se trouvait rigoureusement attaché à sa position, et quels sacrifices il fallait faire pour s'élever à la position d'*homme-franc*.

Il n'est pas ici question de donner la législation de la mainmorte, qui elle-même variait d'un pays à un autre, étant plus coutume qu'une disposition de droit écrit.

En 1619, Jean Petremand, Conseiller en la Cour souveraine du Parlement de Dole, a publié le Recueil des Ordonnances et des Édits de la Franche-Comté de Bourgogne et y a joint l'exposé des *Coutumes générales* de cette province. Le Titre XV de ces coutumes, en 20 articles, parle de la mainmorte en termes peu clairs et sans rien définir. On ne distingue même pas la mainmorte réelle ou des fonds qu'on doit cultiver de celle qui est personnelle. Le traité de la mainmorte par Dunod (Paris 1760), est une compilation hérissée de cas divers ou d'exceptions et nullement un exposé méthodique. On y voit énoncer des principes et des faits qui ne concordent pas. Par exemple, on y lit ceci :

1º « En Franche-Comté on a le droit de s'affranchir en abandonnant les biens mainmortables et une partie de ses meubles à son seigneur » ; puis : « Le mainmortable ne peut obliger son seigneur à l'affranchir, même par payement. On ne peut forcer personne à vendre ce qu'il possède. »

2º « On peut acheter même une condition de mainmortable, si l'exploitation y afférente est avantageuse », puis : « On n'admet pas qu'on achète sa propre condition personnelle de mainmortable. On ne peut pas *acheter une déchéance ou une perte* ».

Quant à dom Grappin, sa dissertation n'est qu'un exposé général, court et historique, de cette position sociale. Comme il tient à justifier l'existence de la mainmorte dans le passé, il a soin d'exposer la situation dans ces termes :

« S'il en est qui estiment assez l'état des hommes libres pour l'acquérir au prix de l'aisance dont ils jouissent, d'autres connaissant mieux leurs propres intérêts, préféreront toujours à une franchise indigente, la richesse et la propriété des colons asservis. »

Dom Grappin n'en parle pas pour lui, car il aimait à se sentir et à se dire issu d'une bonne famille bourgeoise cotoyant de près les anoblis. Il perdait trop facilement de vue la fable de La Fontaine : *Le chien et le loup* (Livre I, fable V, Paris 1827) :

« Attaché ! dit le loup, vous ne courez donc pas
Où vous voulez ? — Pas toujours; mais qu'importe ? —
Il importe si bien que tous vos repas
Je ne veux en aucune sorte,
Et ne voudrais pas même à ce prix un trésor. »

Or, ici, il ne s'agit nullement de repas, et encore moins de trésor, mais d'extrême pauvreté, outre la perte de la liberté.

Que de gens de la Société des classes dirigeantes, ennemies-nées de toute idée libérale, ont admiré les fables de La Fontaine et celles de J.-P. Claris de Florian, de toute confiance, sans voir le républicanisme et le socialisme qui en constituent tout à la fois le fond et le mérite; exemple, pour ce dernier, la fable I, du Livre V, p. 117, intitulée : *Les Singes et le Léopard*, et qui se termine par cette réflexion de l'un des singes :

« En se disant entre ses dents :
Ne jouons point avec les Grands,
Le plus doux a toujours des griffes à la patte. »

Considérations générales.

Il y avait environ six grandes Coutumes au moyen âge sur le sol de la France, telles que celles d'Orléans, de Nevers, d'Auvergne, de Bourgogne. Toutes se ressentaient des duretés de la conquête des Francs, et ces duretés étaient encore plus accentuées pour les mainmortables dans les provinces qui étaient devenues l'apanage de souverainetés et de dynasties. On avait eu autrefois le royaume d'Orléans comme plus tard on eut les Comtes palatins de Bourgogne ou de la Franche-Comté.

Et d'abord quelle pourrait être la signification du mot mainmorte ? L'antiquité avait eu ses esclaves qui étaient une propriété mobilière. On voit dans le Code Justinien qu'en vendant un domaine on vendait aussi *vaccas et servos*, et que les serfs étaient pour ainsi dire inséparables du bétail. La conquête des Francs a eu pour résultat le partage entre les vainqueurs d'une partie des terres des gallo-romains, et ces terres donnaient aussi au conquérant une *mainmise* sur les populations qui les habitaient, et au bout de *l'an et le jour*, sur celles qui venaient s'y fixer. Ces terres communiquaient à ces populations la flétrissure du droit de la guerre, et le tenancier possédait au même titre et le sol et son produit et celui qui le cultivait. La féodalité était ainsi fondée et chaque terre avait son seigneur.

A la mort du mainmortable, ses enfants seuls, issus de *léal mariage*, héritaient des valeurs mobilières du *meix*, à la condition de n'avoir pas quitté la maison paternelle et d'avoir participé à la culture de la terre mainmortable ; sinon, c'est le seigneur qui héritait à l'encontre de tout autre collatéral. Les mainmortables étaient tellement la propriété du seigneur, que celui-ci conservait ces mêmes droits de succession, lors même qu'ils étaient allés s'établir au dehors, sur d'autres terres, ou pour y exercer quelque état d'artisan. Mais en général, surtout après l'invasion, ces déshérités devaient rester attachés aux terres de leur seigneur, et ils avaient surtout pour but, dans la législation du conquérant, de continuer et d'assurer la culture et la mise en rapport du lot du vainqueur.

On eut ainsi le serf dans de dures conditions d'existence, manœuvre et prolétaire. Du moins, le serf était un homme, un chrétien, et c'est surtout pour lui que la belle doctrine du Christ apportait tout à la fois une réhabilitation morale ainsi que les consolations de la religion. Les mœurs se relâchant un peu des rigueurs de la conquête, on passa du serf au mainmortable, c'est-à-dire à la possibilité de se racheter, de se relever par un effort et par un sacrifice. On eut ainsi le mainmortable ayant quelque lueur d'espérance de pouvoir un jour conquérir sa liberté. Cet espoir pouvait encore soutenir son courage.

Le mainmortable était dans un état d'infériorité sociale, un mineur vis-à-vis d'un maître contre lequel la loi ne lui donnait aucun moyen de défense. Il était l'usufruit d'une terre au profit d'un tenancier : il ne possédait que les récoltes nécessaires à la subsistance de sa famille. Le mobilier se divisait en deux parties : un mobilier et des effets à son usage personnel qu'il ne pouvait ni vendre, ni aliéner : un mobilier d'exploitation de la terre qui restait attaché à cette terre. Voltaire, dans son *Siècle de Louis XV*, chap. XVII, prétend que le maître, Seigneur, Évêque, Abbé ou Prieur, prélevait à la mort du mainmortable le surplus disponible des valeurs mobilières, et comme, dans la plupart des cas, ce surplus n'existait pas ou presque nul, il faisait couper *la main droite* du défunt et se la faisait apporter pour bien faire sentir la rigueur et le caractère imprescriptible de ses droits. Avec le temps, ces *coutumes* iniques et barbares durent un peu se ressentir de l'adoucissement des mœurs et du progrès des lumières, surtout quand, sous le nom de *Renaissance*, la civilisation et la législation romaines vinrent une seconde fois sanctionner et faire appliquer des usages plus conformes aux préceptes de la philosophie et aux lois de l'humanité.

On peut admettre que le mot *mainmorte* signifie l'état de minorité et de dur prolétariat du serf, lequel ne pouvait rien posséder en propre, ne pouvait rien vendre, rien aliéner, rien concéder par testament. *Sa main était morte pour tester*, sauf jusqu'à *cinq sols*. Il se rachetait s'il avait pu trouver assez de ressources pour faire négocier par jugement son affranchissement vis-à-vis du maître dont il dépendait. Cet avoir ainsi employé établissait son indépendance, le rendait, comme homme, l'égal de son maître et apte non à passer un contrat, puisqu'il ne pouvait signer, mais à solliciter une *déclaration* ou un *jugement d'affranchissement*, en promettant d'en remplir exactement les conditions et en donnant des garanties pour l'exécution de cet engagement.

C'est cette révolte légale contre les iniquités de l'ancien ordre social, si l'on peut s'exprimer ainsi, révolte d'autant plus légale qu'il y a accord entre les deux parties contractantes, c'est cet acte rédigé et accepté librement des deux côtés qui va éclairer la question. Le maître rend la *condition franche* à son serf moyennant un rachat et de dures conditions; le mainmortable fait un grand sacrifice pour arriver à la liberté, à la libre disposition de lui-même, de son travail et du profit qu'il espère en retirer dans ces nouvelles conditions. Le prix élevé du sacrifice suffit à prouver la rigueur de la condition.

Cette étude est bien ardue, car les conditions de la mainmorte ont varié suivant les provinces. D'une part, il y avait une législation rigoureuse; de l'autre, des pratiques que l'oppression du plus fort pouvait aggraver, comme aussi des sentiments de bienveillance et bien des causes qu'on ne peut analyser ici, pouvaient amener des transactions amiables et procurer des adoucissements pour le rachat.

Mais on a pour aborder la question un moyen qui permet de s'écarter de toute erreur. On possède des actes authentiques de rachat de la mainmorte; et en outre il existe encore des petits-fils des mainmortables qui n'ont été délivrés de leur état de servitude que par la Révolution ;   ils peuvent attester du sort fait à leurs aïeux.

Ce sont les minutes de ces *actes authentiques* et les *souvenirs précis* de ces descendants de mainmortables qu'on veut relater ici pour en déduire tout un dossier utile à consulter dans cette question de l'étude de la *condition servile.*

M. Hugon, dans son histoire de *La Franche-Comté ancienne et moderne*, se déclare, en sa qualité de royaliste, tout à fait partisan du principe de l'inaliénabilité de la puissance absolue du souverain. C'est cette puissance absolue que Louis XIII, Louis XIV et Louis XV ont appliquée. Il est tout à fait opposé à l'indépendance des Parlements; il fait l'historique des *deux exils*, le *grand* (1757-1762), et le *petit* (6 mois en 1787), des membres du Parlement de Besançon, et il montre quelle initiative a été prise, quelle action prépondérante a été exercée, quelle responsabilité absolue a été encourue par les deux premiers Ordres de l'État dans le fait de la ruine et de la déchéance définitive de la monarchie. Ces considérations le conduisent à parler de la mainmorte. Sur cette question, M. Hugon est plus royaliste que le roi et il n'en apprécie pas assez les intentions bienveillantes. Louis XVI avait affranchi, dès l'année 1778, les derniers mainmortables des terres du domaine royal ou plutôt de ce qui restait de ce domaine après tant d'aliénations qui en réalité n'étaient que des *ventes à fonds perdus.*

Cette mesure de réparation des injustices du passé avait bien de l'importance, puisque, 13 années auparavant, Renauldon écrivait dans ses *Mémoires*, p. 181-200-203 : « Dans la Champa-
« gne propre, dans le Senonais, la Marche, le Bourbonnais, le
« Nivernais, la Bourgogne, la Franche-Comté, il n'y a point ou
« très peu de terres où il ne reste des marques de l'ancienne
« servitude... des serfs personnels ou constitués tels par leurs
« reconnaissances ou par celles de leurs auteurs... »

Subissant l'influence des démarches faites par Voltaire et par Christin, maire et avocat de S'-Claude, le roi avait essayé de faire affranchir de la mainmorte les habitants des six communautés ou huit paroisses de Longchaumois, Orcières, Morez, La Mouille, Morbier, Bellefontaine, les Rousses et de Bois-d'Amont, comprises dans les terres de la *Grande judicature* de S'-Claude. Notre historien franc-comtois n'hésite pas à se déclarer ouvertement contre les intentions bienveillantes du souverain. Il prétend que la *mainmorte* est une condition légale et préférable pour les couches inférieures du peuple à la position de *franchise*. Cette proposition est condamnée par la raison, par le bon sens, et par les faits. Voltaire avait écrit : « Le ciel en le créant, forma-t-il l'homme esclave ? »

Ainsi l'on vit les défenseurs des mainmortables et Louis XVI lui-même échouer devant l'Évêque et le Chapitre de S'-Claude et devant le Parlement de Besançon, c'est-à-dire contre la résistance des deux Ordres privilégiésde l'État, et en réalité contre la noblesse. En effet, il fallait être noble ou avoir plusieurs quartiers d'anoblissement pour devenir Évêque ou Chanoine du Chapitre de S'-Claude, d'autant plus que celui-ci était la continuation de la riche Abbaye bénédictine de S'-Oyent. De même, l'admission au Parlement de Besançon conférait la noblesse et la noblesse héréditaire, comme à la Cour souveraine de Paris et par grâce particulière de Louis XIV qui avait espéré, par ce privilège, adoucir un peu la rigueur de la conquête de la Franche-Comté.

Pour mieux caractériser l'iniquité de cet échec, il faut se reporter aux déclarations contenues dans la lettre d'affranchissement que, cinq siècles auparavant, Charles, Comte de Valois, donna aux mainmortables de ses terres et que son cousin, le roi Philippe IV le-Bel, confirma le 9 avril 1311. Cette lettre est importante et elle n'est pas assez connue. Le comte débute suivant l'usage par faire une invocation à la Sainte-Trinité, car la royauté française est avant tout une *création de l'épiscopat catholique* des Gaules, qui cherchait et qui vit qu'il avait trouvé un défenseur dans Clovis pour combattre les progrès de l'arianisme. Cet usage de déclaration toute catholique avait déjà fait place à une autre formule : « Par la grâce de Dieu, Nous... « On s'affranchissait ainsi de l'attache épiscopale, du baptême et du sacre de Clovis. Le Comte apprécie ensuite l'iniquité de la mainmorte en ces termes :

Art. 1. — « Comme toute créature humaine, formée qui est à l'image de Notre-Seigneur, doit généralement être franche par droit naturel, et qu'en aucun pays cette naturelle liberté ou franchise, par le jeu de servitude qui tout est haïssable, est si effacée ou obscurcie, que les hommes et les femmes qui habitent ès lieux et pays dessus dits en leur vivant sont réputés ainsi comme *morts* et à la vie de leur chétive vie si *étroitement liés* que des biens que Dieu leur a prêtés en ce siècle et qu'ils ont acquis par leur propre labeur et accrus... ils ne peuvent en leur dernière volonté disposer.

Art. 2. — Donnons et octroyons très pleinière franchise et liberté perpétuelle à toutes personnes... réservé toutefois à nous et à nos héritiers la succession des bâtards qui mourront sans héritiers de leur corps... »

Ce langage reporte naturellement la pensée à cette belle déclaration contenue dans l'épitre de St-Thomas (Épitre au peuple):

« De l'esclave et du roi la poussière est la même. »

Le 13 juillet 1315, une lettre de Louis X stipule que les serfs du domaine du roi seront affranchis « par bonnes et convenables conditions... », et le roi ajoute en parlant de la mainmorte et du formariage : « laquelle chose nous déplait, et pour que les autres seigneurs qui ont des hommes de corps *[serfs]*, prennent exemple à nous de eux ramener à la franchise... »

Il s'en faut de beaucoup que ces mesures aient été appliquées, puisque 163 ans plus tard, en 1778, Louis XVI achevait seulement d'affranchir les derniers mainmortables du domaine royal, et quant aux terres des grands seigneurs, Louis X, comme son père, dut capituler devant la résistance des priviléges de la conquête des Francs et de la féodalité. Tout resta en l'état actuel.

A son sacre, le roi n'était admis dans la cathédrale de Reims qu'après avoir juré au bas de la basilique et en présence de trois des six Pairs de l'Ordre du Clergé, qu'il maintiendra toutes les prérogatives et toutes les juridictions des Évêques. Il n'était couronné : · par les six Pairs (trois Ducs et trois Comtes) du second des deux Ordres privilégiés de l'État, qu'après avoir de même juré qu'il maintiendra les Ordres de chevalerie du St-Esprit et de St-Louis, et surtout les riches dotations attachées à ces deux fondations de la dynastie par les libéralités des souverains.

Le roi devait jurer ensuite qu'il maintiendra toutes les lois et *coutumes* du royaume, ce qui comprenait la condition des mainmortables, et qu'il exterminera les hérétiques *(hereticos ab ecclesia denotatos)* de tous les États soumis à sa juridiction ; enfin le roi s'entendait dire par l'archevêque, duc et pair de Reims, que « Dieu exterminera la race des méchants jusqu'à la quatrième génération » (Ev. selon St-Mathieu). Voir le *cérémonial du sacre*, tel qu'il a été encore publié en 1775, à la librairie Desprez, rue St-Jacques à Paris, et le *Sacre de Louis XVI*, par l'abbé Pichon, publié en 1775, chez Vente, *Libraire des menus plaisirs du roi*.

Enfin au sacre de Louis XVI, l'archevêque Loménie de Brienne ajouta cette recommandation au roi : « Vous réprimerez les systèmes d'une *tolérance coupable*... achevez l'ouvrage que Louis-le Grand avait entrepris. Il vous est donné de porter le dernier coup au calvinisme dans vos États... » Voir *Les origines de la*

France contemporaine, L'ancien régime, par H. Taine, T. I, p. 81.

Mais promettre et tenir font deux positions bien différentes, et un roi serait bien coupable de tenir des engagements facultatifs qu'il a pris bénévolement, s'il s'aperçoit que l'exécution de ses engagements doit compromettre l'ordre public et le repos de l'État.

Henri III avait promis, lui aussi, d'exterminer les hérétiques, c'est-à-dire en termes plus simples, d'extirper l'hérésie du royaume, et il n'hésita pas à se jeter dans les bras des calvinistes, quand il vit que le parti catholique ne visait qu'au renversement de la dynastie des Valois.

On sut gré à Louis XI de n'avoir pas tenu les conditions auxquelles il avait été obligé de souscrire au traité de Conflans, en 1465. François I, rentré de captivité, se hâta de renier les concessions de provinces françaises qu'il avait promises pour obtenir sa liberté. Un roi ne peut pas travailler à son propre renversement, ni à la ruine de son État ; un roi n'est qu'un usufruitier.

Henri IV aussi, à son sacre, avait juré d'extirper l'hérésie du royaume, mais avant de le jurer il avait lui-même donné l'assurance aux chefs calvinistes qui l'avaient tant aidé à conquérir sa couronne, qu'ils ne seraient jamais inquiétés, et troisans plus tard il publiait l'Édit de Nantes qui est la plus belle œuvre de son règne.

Louis XIII a combattu avec les protestants d'Allemagne pour faire admettre dans le centre de l'Europe la liberté de conscience.

Louis XIV, après la Révocation de l'Édit de Nantes, n'en continue pas moins d'attirer et de conserver des troupes étrangères venues des paysde la Réforme, de leur assurer la liberté duculte et même d'entretenir à ses frais un ministre protestant dans les régiments des Gardes-Suisses et des Suisses, et d'affecter pour ces corps un local où l'on faisait le prêche.

On ne pouvait être admis dans les Ordres du Saint-Esprit et de St-Louis que si l'on était catholique et même catholique militant. Or Louis XV nomma Arminius Maurice, Comte de Saxe, Commandeur de St-Louis, et Maréchal-Général des camps et armées du roi. c'est-à-dire *cousin du roi*, quoiqu'il fut protestant. Ulric Frédéric-Woldemar, Comte de Lowendal, était également protestant ; Louis XV fit encore plus pour lui. Outre le bâton de maréchal, il lui donna la croix de Chevalier-Commandeur du St-Esprit (1746).

Louis XVI avait aussi juré d'extirper l'hérésie, mais seulement à demi-voix, sur le conseil de Turgot. Au contraire, il donna en 1787 l'*Édit de tolérance* : c'est l'inverse de ce que l'Archevêque Loménie de Brienne lui conseillait et attendait de lui ; et bien loin de respecter les *coutumes*, il affranchit les mainmortables qui restaient encore sur les terres du domaine royal.

Même au commencement du XVIIᵉ siècle, un demi-siècle avant de perdre pour toujours la Franche-Comté, le roi d'Espagne, comte de cette province, faisait ou laissait publier en 1619 par Jean Petremand, Conseiller au Parlement de Dole, le *Recueil des Ordonnances et Édits* de ladite province, en y ajoutant le texte des *Coutumes* qui faisaient loi et autorité dans le pays, et la mainmorte y est mentionnée avec toutes ses rigueurs.

En conséquence, lorsque Louis XVI fait convoquer les États généraux, le peuple dans sa reconnaissance acclame son roi en le nommant le *Restaurateur des libertés*. Ce monarque a conquis ce beau titre par des actes successifs (Édit de tolérance de 1787, affranchissement des derniers mainmortables du domaine royal, appui donné à la revendication du maire de St-Claude, M. Christin, et de Voltaire en faveur des pauvres habitants de huit communes du ressort de l'Évêché des montagnes du Jura), actes dans lesquels les déshérités de la liberté de conscience et de la liberté du travail ont déjà une part ou des droits réservés.

M. Hugon, dans son histoire de la Franche-Comté, n'apprécie nullement de tels actes réparateurs des rigueurs du passé ; il se hâte de se placer sous l'autorité de dom Grappin qui n'a pas craint d'écrire dans sa *Dissertation sur les droits de main-morte* : « Si cette condition est si dure, pourquoi les mainmortables la préfèrent-ils pour la plupart au sort des hommes libres ? » Dom Grappin confond trop facilement le désir d'une chose avec l'impossibilité où l'on est de le satisfaire en acquittant le prix du rachat.

On lit en effet aux archives nationales, II : 200. *Mémoires de M. Amelot* sur la Bourgogne en 1785 : « Le rachat de la mainmorte, dont le roi a donné lui-même l'exemple, a été mis à un prix si exorbitant par les laïques que les malheureux mainmortables ne peuvent, ni ne pourront y atteindre. »

La Révolution française est donc arrivée à propos pour délivrer les derniers mainmortables.

On possède des actes authentiques d'affranchissement qui par la rigueur ou par le prix élevé du rachat prouvent quel intérêt le mainmortable attachait à sa délivrance.

Tel est l'objet de cette modeste étude sur la mainmorte en Franche-Comté.

Pour cette démonstration on suivra l'ordre chronologique et l'on remontera tout d'abord au milieu de la seconde moitié du XIVe siècle.

On a là deux exemples d'affranchissement : l'excès de la misère des habitants condamnés à la mainmorte et, en regard, le cas isolé et exceptionnel d'un mainmortable qui, par héritage ou par d'autres soins, a pu acquérir des biens, et qui en sacrifie une notable partie pour devenir libre de sa personne, de son travail et de la disposition de son avoir.

Le 8 mai 1376, Jean de Salins, sire de Poupet, pris de commisération pour l'état de pauvreté dans lequel se débattent les habitants mainmortables de quelques-unes de ses terres, prend la décision suivante qui constitue leur affranchissement :

« Considérant que les dits manants fussent et aient esté par-
« tout le temps passé de mainmorte et serve condition, je leur
« ay perpétuellement quitté et remis, et, doys maintenant quitte
« et remis toute la mainmorte et toutes les dépendances, *sans*
« *aucune chose à moy retenir....* »

La bonté de Jean de Salins prouve la misère profonde des mainmortables et l'espoir qu'il a de les relever de cet abaissement en leur rendant la *condition franche*.

Vers l'an 1132, Renaud III, Comte supérieur de la Bourgogne, avait agi de même vis-à-vis des pauvres habitants de condition servile qui sont sur les terres de ses fiefs personnels; « il leur a quitté la mainmorte ». *Quitté* signifie ici abandon gratuit, sans doute en considération de la misère attachée à cet état de mainmortable.

Le volume des *Mémoires* de la *Société d'émulation du Jura* de l'année 1877 p. 561, a donné le texte authentique de l'acte d'affranchissement de Jean Gauthier, mainmortable de l'annessières, par Jean de Molpré, abbé de Baume, le 25 février 1374 (nouveau style). Il faut cependant revenir sur cet acte pour la démonstration qu'on cherche ici.

On y voit que la mainmorte était une dure condition puisque, pour s'en délivrer, le contractant s'engage à donner cent francs d'or à l'abbé de Molpré et qu'il grève, lui et ses héritiers, d'une taille annuelle à payer *perpetuellement* et estimée à *vingt Solz d'estevemens de Cense*. C'est à-dire que, d'après la valeur actuelle de l'argent, Jean Gauthier donnerait environ 2000 fr. et assurait à l'abbaye un revenu annuel de cent francs. Pour obtenir un grand sacrifice d'un mainmortable, il faut que celui-ci soit soumis à des charges à la fois nombreuses et onéreuses. Aussi l'abbé commendataire, Jean de Molpré, pour obtenir bonne rançon, fait-il une énumération complète de ces charges, et c'est parceque cette énumération est une triste vérité, que Jean Gauthier consent à payer également une forte somme pour son rachat.

Il y a là un débat contradictoire qui n'aboutit à une conclusion que parceque l'acte souscrit est une image fidèle de la réalité. On peut s'en rapporter à sa rédaction pour juger les dures conditions imposées au manant et au mainmortable, exemple: « ... affranchissons... de quises, de prises, d'aides, de corvée et de mainmorte... »

A la même époque Jeanne, Reine de France et Comtesse de Bourgogne, énumère ces mêmes charges, avec les mêmes termes et dans le même ordre, dans l'acte d'affranchissement qu'elle accorde en 1323, aux habitants de Montmirey-la-Ville; elle les libère « de toutes charges, tailles, aides, surprises, quises, *ramus-* « *sons*, corvées, charrois, *mainmortes*, redevances, servitudes et de toutes autres *exactions ordinaire et extraordinaire...* » Ce tableau est plus complet que pour le mainmortable de l'abbaye de Baume. Cela tient à ce fait qu'un souverain a plus de droits à exercer sur les habitants de ses terres qu'un abbé. Il a surtout des droits à exercer pour l'entretien des troupes en temps de paix et en temps de guerre, l'ordinaire et l'extraordinaire des guerres, c'est-à-dire les *exactions ordinaire et extraordinaire*. A cela près, ces deux rédactions sont bien analogues et elles se confirment mutuellement pour prouver quelle était dans le Comté de Bourgogne la *Coutume* observée en ce qui concerne les charges imposées au mainmortable. Les débats contradictoires d'une question d'intérêt, les transactions admises sont la preuve irrécusable de la situation, et voilà ce que Dom Grappin et M. Hugon appellent tous deux un *état préférable au* sort *des hommes libres.* Ce dernier écrit cela dans la seconde moitié du XIXᵉ siècle, en 1857!...

Il en était si peu ainsi, que « les États généraux de 1615 priè-« rent (vainement) Louis XIII de renouveler les Édits éludés de « ses prédécesseurs (pour l'extinction de la mainmorte) et de « les faire exécuter. » (*Le siècle de Louis XV,* par Voltaire chap. XIII, p. 421).

Ces édits existaient. On a vu plus haut qu'il faut même remonter aux *rois administrateurs,* à Philippe-le-Bel et à ses fils, c'est-à-dire à trois siècles (1315) avant les États-Généraux qui furent tenus (1615) dès la majorité de Louis XIII, pour en trouver une expression formelle et judicieusement motivée.

C'est ainsi qu'autrefois les États-Généraux avaient toléré qu'on méprisât leurs sages décisions. A la Révolution ceux-ci s'enhardirent à parler avec moins de timidité. Voltaire ajoute dans son *Siècle de Louis XV :* « On a vu cent fois des officiers décorés de « l'Ordre de St-Louis... mourir serfs mainmortables d'un moine. « De nos jours (en 1762), le roi de Sardaigne a détruit cette ser-« vitude en Savoie... », et il aurait pu dire aussi que ce roi a soumis les terres des nobles au Cadastre et à l'impôt, mesure qui aurait peut-être suffi à sauver l'ancien régime en France, si l'on avait imité ce prince.

L'acte ci-dessus, du 25 février 1374, contient une curiosité historique qu'il faut dégager du texte et un peu analyser. L'abbé convertit en rente annuelle de 20 sols le profit que rapporte à l'abbaye le travail d'un mainmortable; c'est là de la bonne administration et une mesure de toute justice. Quant aux *cent fr. d'or,* le même abbé aurait dû les convertir en un achat d'immeubles ou tout au moins en acquittement d'une dépense incombant à la dite abbaye. Mais l'abbé de Baume opère autrement, et sans dire dans quelle proportion il fait le partage, et, sachant que sa responsabilité est engagée, il profite de la rédaction de cet acte de rachat pour essayer de se disculper de l'emploi qu'il va donner aux *cent francs d'or*, et pour y lier tout le monde, sans qu'on puisse s'y reconnaître. « Nous avons ehu « et receu dudit Gautier cent francs d'or, lesquels nous avons » mis et convertiz, *augrant profiz de nostre dicte église de* « *Balme*, c'est assavoir en la *décharde des grans debtes d'on* « *nous estaiens obligez à la chambre de nostre saint père le* « *pape pour les communs services de nostre promocion*, pour « *les décimes et pour ung ussider* novellement imposez en « l'archeveschiez de Besançon à toute l'Église, *aisanz et non* « *aisanz…* » Ainsi ce rachat a surtout profité à l'abbé de Molpré, et fort peu à l'Abbaye dont Gauthier était mainmortable.

Sur les *Almanachs royaux*, on voit qu'il y avait dans le Comté de Bourgogne 18 abbayes d'hommes. Après celle de St-Claude, la plus riche était celle de Luxeuil; venait ensuite celle de Baume-les-Messieurs, une fois moins riche que la précédente, avec 13.000 livres de revenu et une taxe annuelle de 566 florins à payer au Pape. Mais on sait que l'*Almanach royal* n'énonce que le revenu des terres, que le *revenu imposable* sur lequel s'établira le taux de la taxe à payer au Saint-Siége. Quant au revenu réel, à la valeur de la dîme, aux autres produits accessoires, aux redevances, le tout représente en moyenne trois fois le revenu déclaré officiellement sur l'*Almanach royal*. Ainsi le Comte de Clermont Louis de Bourbon-Condé, qui fut le dernier abbé de St-Claude, avait aussi, entre autres bénéfices, l'abbaye de St-Germain-des-Prés à Paris, dont le revenu officiel comme propriétés foncières était taxé à 100.000 livres. Cependant au milieu du XVIIIᵉ siècle ces propriétés étaient affermées pour 160.000 livres, sans parler des autres revenus de la dite abbaye. On peut donc tripler le revenu de 13.000 livres pour l'abbaye de Baume-les-Messieurs et affirmer que celle-ci était

2

parmi les *aisanz.* S'il en eut été autrement, on n'eût pas exigé autant de quartiers de noblesse pour faire partie de son Chapitre et surtout pour en être l'heureux abbé commendataire.

Il convient d'observer que seuls les sièges épiscopaux et les abbayes d'hommes payaient une redevance au pape. Il faut croire que celle-ci était d'un taux bien élevé pour les archevêchés et les évêchés, puisqu'un millionnaire tel que le ministre Colbert a pu en faire demander l'exemption au pape pour son fils qui venait d'être pourvu du siège d'Auxerre. A cet effet ce grand ministre écrit le 14 août 1671 à l'évêque de Laon, ambassadeur à Rome, qu'il a envoyé une lettre au cardinal d'Altieri « pour « obtenir du Collège des cardinaux le *gratis des bulles* pour « cette élection, d'autant que ses *bulles sont très hautes.* » On peut les estimer à 25.000 livres, soit à 100.000 fr. d'aujourd'hui. Voilà les *grans debtes,* et Colbert ajoute : « Je vous sup-« pliede ne lui pas dénier votre entremise pour lui faire accorder « cette grâce et de croire que nous en conserverons toute la re-« connaissance que nous debvons. » (Voir *Collection de documents inédits sur Colbert,* par Depping, 1852, T. IV. p. 96).

Cependant, Colbert avait amassé une fortune princière par ses charges à la Cour et par les libéralités de Louis XIV.

L'Évêché d'Auxerre, sans parler des dîmes et autres redevances qui en doublaient la valeur, figure sur *l'Almanach royal* de 1746 pour un revenu foncier de 35.000 livres, et, à ce titre, il fallait, outre les bulles ou *grans debtes* d'intronisation, payer au pape une taxe annuelle de 4.400 florins, soit à peu près 4.500 livres de France. Outre que les revenus des Évêchés étaient à peu près le double de l'estimation officielle, celle-ci allait toujours en augmentant. Ainsi ce revenu taxé à 35.000 livres en 1746, se trouve estimé à 50.000 livres sur *l'Almanach royal* de 1780 comme sur les *Étrennes mignones, utiles et curieuses pour l'année 1779,* et cependant la redevance annuelle due au papereste fixée à 4.400 florins. Le cardinal Lesorel apprend à Colbert qu'il a obtenu du Conseil des Cardinaux, à une forte majorité, et par les soins du cardinal *dataire*, le gratis des Bulles *(des grans debtes)* pour son fils, le nouvel Évêque d'Auxerre.

A cet acte d'affranchissement d'un homme riche, il faut opposer celui d'un pauvre mainmortable qui est même obligé de racheter pour les quatre cinquièmes de leur valeur les modestes vêtements bien usés qui couvrent son corps.

Voici cet acte d'affranchissement existant chez un habitant du Jura dont le trisaïeul avait été envoyé avant 1730 à Villers-Farlay pour y gérer le *bien des pères* (bénédictins de St-Claude) situé sur cette commune, et cela quoiqu'il fût leur mainmortable. On donne ici la *copie textuelle* de cet acte relevée avec soin sur sa minute.

« Sentence d'affranchissement pour Jacques fils de Pierre
Jacquet demeurant à Salins du 28 feuvrier 1730. »
Extrait du greffe de la grande judicature de St-Claude.

« Entre Jacques fils de Pierre Jacquet, originel de Septmoncel demeurant entemt à Salins, comparant en personne, assisté de maître Jacques Marie Jacquet, son Procureur demandeur aux fins de l'Exploit du sergent Margairé du vingt-troisième febuier mil sept cens trente, controllé à St-Claude par Desvignes, le vingt six des d. mois et an tendant à ce qu'il soit dit que moyennant l'abandonnement qu'il fait au seigneur abbé de Saint-Claude dont il est né sujet mainmortable de tous ses héritages et des *deux tiers de ses meubles,* suivant la déclaration qu'il en a donné il sera pour luy et sa postérité franc et de franche condition comme les autres personnes de la province franche et libre de la condition de mainmorte pour en conséquence jouir de tous les droits et privilèges des d. personnes libres et franches condamnant le d. Seigneur Dainsy le souffir a tout quoy le demandeur conclut et en cas de conteste aux dépens de l'jnstance.

Contre Monseigneur le Comte de Clermont, Prince du sang abbé de la Royale Abbaye de St-Claude, deffendeur comparant par Maître Joseph Alexis Geruas son procureur.

Parties oüees par nous Claude François Joseph Raymond de Belecin grand juge de la grande judicature de St-Claude, nous avons donné acte au d. Seigneur deffendeur comme il compare de ce que le demandeur déclare luy abandonner généralement tous ses biens et immeubles mainmortables, en quelles part ils puissent être situéz et les *deux tiers de ses meubles qui consiste en l'habit dont il est reuettu et couuer, qui est d'une vielle casaque qui a été retourné avec une veste de drap de couleur de noisette, plus une mauuaise culotte de droguet communs, plus vn pair de bas de laine mi vsé plus vn pair deguetre, de droguet communs, plus vn pair de solier mi vsé auuec un mauvais chapeau, quatre mauuaise chemises de toile de mesnages et trois grauates de toile blanche mi vsée.* Qui sont tous les meubles et effet qu'il possède et sur la déclaration faitte par le d. Seigneur deffendeur par la voix du substitu procureur fiscal, qu'il consent aud-affranchissement san protestation de combattre de mendacio, la déclaration cy dessu faitte par demandeur, nous auons jceluy demandeur déclaré, ensemble sa postérité a naitre en leal mariage franc et de franche condition. En conséquence de quoy qu'ils pouront vser et joüir de tous les *droits et privilège attachez à cette condition* condamnons chaque partie à leur propre despens, fait en lad. judicature Laudieme Tenant Le vingt huit feurier mil sept cens trente. Signé Reymond.

Nous soussigné au nom et ayant charge de S. A. S. Monseigneur le Comte de Clermont Prince du sang abbé de la Royale abbaye de St-Claude, aurons reçu *six livres* monnaye du Royaume pour la valeur des *deux tiers* des effets spécifiez dans le jugement cy dessus. Fait à St-Claude le vingt huit feurier mil sept cens trente et sans préjudice du droit de Monsieur le Grand Celerier. Signé Michaud.

Je soussigné Grand Celerier *ay reçu vingt quatre sols pour mon cinquième des effets* cy dessous spécifiez appartenant à Mon office de Grand Celerier même jour et année que dessus. Signé Degrammont.

Insinué au greffe des insinuaons layques du bureau de St-Claude, ce vingt huit feurier mil sept cens trente. Récéu six livres. Signé Desvignes.

Par extrait.   Desvignes. »

Ainsi, en réalité, Jacques Jacquet rachète ses vêtements pour les quatre cinquièmes (2|3 plus 2|15) de leur valeur, et s'il n'en avait eu le prix à sa disposition, on lui eût enlevé à peu près tous les effets dont il était couvert. Au contraire, aujourd'hui, non seulement on ne peut circuler dans les rues étant découvert de tout, mais on doit avoir une tenue décente, en ce sens que la tête, les mains et au besoin les pieds et le bas du bras et de la jambe peuvent seuls se montrer à l'état de nudité. (Règlement de police. Service de la voirie)...

On remarquera qu'en 1374 s'adressant à un mainmortable à qui le hasard a donné de l'aisance et 31 parcelles de terres situées sur les communes de Pannessières, Lavigny et Montayn, on lui énumère avec soin toutes les charges qui frappaient sa personne et ses biens, afin d'obtenir de lui « *bonne finance de rachat*». Mais quand on s'adresse à Jacques Jacquet qui, en sa qualité de régisseur mainmortable, ne possède que son intelligence pour les transactions commerciales, le désir de sortir de la misère et l'aptitude à s'élever par le négoce dans une ville commerçante, ce qui est le cas de Salins où il réside, on fait miroiter à ses yeux les *droits et privilèges desd. personnes libres et franches.* Ceci prouve combien celles-ci, malgré le dire de Dom Grappin et de M. Hugon, ont un sort enviable par rapport à la triste position des mainmortables, et combien les contrats servent à faire litière du mensonge et à élucider les questions.

Il y a d'autres remarques à faire sur la rédaction et la teneur de cet acte.

L'habitude était déjà prise d'écrire en gros caractères, à la mode cursive, en lettres arrondies et allongées, et avec de belles marges ; car, tout compte fait, il y a dans chaque page de cet acte un mot pour six centimètres carrés de papier...

En reprenant la lecture de la *Sentence d'affranchissement pour Jacques, fils de Pierre Jacquet,* on voit que ce pauvre demandeur a contre lui, pour *deffendeur,* son maître à qui il doit payer les deux tiers des vêtements mi-usés qui le couvrent. Ce maître est le dernier des abbés de St-Claude, savoir : Son Altesse Sérénissime, Monseigneur Louis de Bourbon-Condé, Prince du sang, arrière-petit-fils du Grand Condé, Comte de Clermont, reçu dans les Ordres à 9 ans, abbé de plusieurs des plus riches abbayes de France (St-Germain-des-Prés, le Bec-Hellouin, Marmoutiers, St-Claude, etc.), ce qui lui rapportait environ 375.000 livres, Généralissime des armées du roi en Allemagne, ayant eu le commandement à la malheureuse bataille de Crefelt qui compromit si tristement la *Guerre de sept ans,* membre de l'Académie française le 1ᵉʳ décembre 1754, Mestre de camp de trois régiments, Lieutenant-Général Gouverneur de la Champagne, et enfin ayant reçu *comme tous les princes,* outre leurs apanages, ce qui faisait ici double emploi et cumul illégal, une liste civile payée sur le trésor. Cette liste civile n'était pas moindre de 70.000 livres, ce qui ferait aujourd'hui environ 225.000 fr.

Le Comte de Clermont voulut bien renoncer en 1740 aux riches revenus de l'abbaye bénédictine de St-Claude. Ceux-ci en taxe officielle, telle qu'on la voit porter sur les *Almanach royaux*, étaient estimés seulement à 27.000 livres, sous la condition de payer au Saint-Siège une taxe annuelle fixée à 1.500 florins, soit environ à 4.500 fr. d'aujourd'hui.

Pour composer ce nouvel évêché, on y adjoignit des paroisses de l'archevêché de Lyon, et l'on put ainsi en 1741 former un dernier évêché de 87 cures, suffragant de Lyon, et non de Besançon.

Que devint l'affranchi Jacques Jacquet ? Il fonda une des riches fermes du bourg de Villers-Farlay où il continua à être l'administrateur des terres et des bois que l'abbaye de St-Claude possédait dans cette commune et que les habitants appelaient *le bien des pères* (bénédictins). Il devint Echevin de la commune, car le 10 février 1758, on trouve en cette qualité, sa signature sur le procès-verbal du tirage au sort de la milice, à Arbois, à côté de celle de Jean Bonvalot, échevin de Pretin, et à côté de celle de Regnauld d'Epercy, *Subdélégué de Monseigneur l'Intendant de la province.*

Ce mainmortable qui, 28 ans auparavant, ne pouvait encore ni acter, ni disposer, ni signer, était devenu le chef administratif de sa commune, et sa signature s'apposait sur les actes du Gouvernement. (Voir la minute aux archives de la mairie de Villers-Farlay).

On peut se rendre compte de l'importance des fonctions et de la responsabilité de la charge d'Echévin.

« Les échevins devaient négocier les affaires de la Commu-
« nauté et assurer dans le pays une bonne police; relever les
« contraventions aux arrêtés pris par le roi, par l'Intendant de
« la province, par les Assemblées générales, et punir les contre-

« venants de telle peine que *bon leur semblerait*, l'amende payée
« devant être applicable aux besoins de la *fabrique* et au profit
« de la *Communauté*, sauf les trois sous estevenants qui reve-
« naient à la *Seigneurie*. » L'ancien régime était un temps de
rigueur ; ainsi, par ex. en matière de levée de milices, ce même
Echevin était passible d'une amende de 500 livres pour toute in-
fraction due à la négligence. Qu'était-ce pour les fautes qui au-
raient été préméditées ? Il faut le dire : les galères...

A cent ans d'intervalle. — On peut dire sans exagération
que dans cette sentence d'affranchissement qui est un véritable
acte judiciaire, les deux contractants, le demandeur et le deffendeur, sont respectivement représentés par les deux extrêmes
de l'échelle sociale, par un prolétaire à la *mauvaise chemise
de toile de mesnages mi vsée,* et par un puissant seigneur, un
Prince du sang, pourvu de grandes charges et de riches bénéfices lui constituant une véritable liste civile. Mais, cent ans plus
tard, qu'est devenue la famille du misérable mainmortable ?
Qu'est devenue la descendance de la Maison de Bourbon-Condé ?
C'est ce qu'il faut examiner pour compléter cette étude sur *l'ancien régime* en ce qui concerne la mainmorte.

La sentence d'affranchissement de Jacques Jacquet est de
1730, et aussitôt cet affranchi s'établit à Villers-Farlay ; il y
fonde une riche ferme, il devient échevin et ses descendants fi-
gurent tous dans la composition du Conseil municipal. Cent ans
plus tard, en 1830, cette famille a formé plusieurs branches : la
ligne directe a une belle exploitation, dix chevaux et juments
à l'écurie ; elle élève des poulains et elle joint à sa culture l'entreprise de la fourniture des pierres pour l'entretien des routes
classées, et cela dans un rayon de près de vingt kilomètres. Enfin l'aîné de la famille est notaire du canton, tandis qu'avant

1730 son trisaïeul ne pouvait encore ni traiter, ni tester, c'est-à-dire que *sa main était morte pour signer* un acte.

Il faut voir la position de la partie adverse.

Le Comte de Clermont, Louis de Bourbon-Condé, a eu une très haute situation et de très grands revenus, au moins un million et demi de francs d'après la valeur de l'argent d'aujourd'hui. Cette immense fortune ne lui suffisait pas pour le train de maison et la vie de dissipation qu'il menait, puisqu'il s'endetta. Au contraire, à la même époque, Jacques Jacquet parti d'un entier dénuement, s'élevait rapidement jusqu'à l'aisance et jusqu'à une fortune de fermier par le travail, l'épargne, la conduite, la prudence dans les transactions. Tous deux partis de positions entièrement opposées, arrivaient à des situations de fortune qui étaient l'inverse l'une à l'autre.

Outre les avantages de fortune, toutes les tolérances, selon son désir, furent accordées à S. A. Monseigneur Louis de Bourbon-Condé. Non seulement le pape l'avait autorisé, malgré son titre d'abbé, à se rendre à l'armée d'Allemagne, mais il lui permit de rejeter toute sujétion vis-à-vis de l'Église et de se marier comme on en vit d'autres cas, par exemple, dans la famille des Bourbons d'Espagne. Ainsi Louis de Bourbon-Condé, Comte de Clermont, épousa Mlle Leduc, appelée marquise de Tourvoie, et il en eut deux enfants. L'un de ces enfants, l'abbé Le Duc ou Leduc, obtint de Louis XV, en novembre 1765, l'autorisation de prendre le nom *d'abbé de Vendôme*. En effet, ce mariage, dans ces conditions, ne pouvait être que morganatique, et l'enfant né de cette union ne pouvait prendre le nom de son père; les règles d'ordre dynastique s'y opposaient.

Mais que devenait au XVIIIe siècle la descendance du Grand Condé ? Elle était représentée par trois générations de princes : 1° le père, Louis-Joseph de Bourbon, Prince de Condé, qui a commandé à Coblentz, au moment de la Révolution, *l'armée des émigrés*, plus connue sous le nom *d'armée de Condé*, et qui mourut à Paris le 13 mai 1818, à 82 ans, ayant eu la satisfaction de voir rétablie cette dynastie à la défense de laquelle il avait tant contribué, y affectant des revenus de son immense fortune et combattant pour elle ; 2° le fils, *Monsieur le duc de Bourbon*, Louis-Henri-Joseph de Bourbon, Prince de Condé, qui en prit le titre, non à la mort de son père, mais seulement peu de jours avant sa mort survenue à 74 ans, dans la nuit du 26 au 27 août 1830, au château de Saint-Leu où il fut trouvé mort et pendu ; 3° le petit-fils, Louis-Antoine Henri de Bourbon-Condé, duc d'Enghien, fusillé dans les fossés de Vincennes par ordre de Napoléon, le 21 mars 1804, à l'âge de 32 ans.

L'affranchissement de Jacques Jacquel qui motive le présent travail, ayant eu lieu en 1730, et le dernier des Condé étant mort cent ans plus tard, c'est de Louis-Henri-Joseph de Bourbon dont on voudrait parler un peu ici, mais avec une excessive réserve, car il y a des malheurs de famille, des problèmes politiques pour lesquels on ne peut présenter que des données certaines, laissant aux critiques de l'histoire le soin de prononcer en dernier ressort, et dans cette voie, on ne citera que les témoignages les moins récusables.

Depuis quelques années, et sans discontinuer, il se publie des *Mémoires* ou *Souvenirs* émanés des personnages haut placés ayant vécu à la Cour et ayant été comblés des faveurs des souverains. Par une singulière ironie du sort, ces écrits fourmillent de révélations toutes opposées au régime dynastique que leurs auteurs ont défendu ou voulaient défendre, et déconcertent toutes les légendes et tout ce qu'on avait admis jusqu'à ce jour. Au nombre de ces *Mémoires*, et en ce qui concerne la mort tragique du dernier des princes de Condé, on peut citer ceux de la Duchesse de Gontaut, publiés en 1891, chez Plon et Nourrit (rue Garancière, 10, Paris).

La duchesse avait suivi Charles X en Angleterre après les *Journées de Juillet* et elle eut au château de Holyrood un entretien avec M. N. d'Hennequin, qui, en qualité de mandataire des héritiers de Charlotte-Godefride-Elisabeth, princesse de Rohan-Soubise, mère du survivant des Condés, avait dû se transporter après le 27 août 1830, au château de Saint-Leu ainsi que le chirurgien appelé à faire une enquête médicale sur les causes de la mort tragique de Louis-Henri-Joseph, prince de Condé. La duchesse de Gontaut ajoute une déclaration à la réponse de M. d'Hennequin (p. 374), d'autant plus qu'elle connaissait le château de St-Leu :

«Vous souvenez-vous de cette fenêtre basse qui, par son peu de hauteur, rendait le suicide invraisemblable ? » Elle ajoute aussi :

« Le chirurgien avait déjà constaté que, d'après la position où il trouva les pieds, qui traînaient par terre, la strangulation était impossible!. »

On veut se limiter à ces citations, laissant aux personnes bien renseignées et haut placées la responsabilité de leurs appréciations. Et ce que l'on veut faire voir, c'est que la famille du riche abbé commandataire, Louis de Bourbon-Condé, s'éteignait d'une manière tragique et par le fait d'une mort violente, non expliquée ou non avouée, au moment où la famille de l'ancien mainmortable Jacques Jacquet atteignait au contraire son plus haut point de prospérité, et cela, par le fait d'un travail opiniâtre et de l'intelligence appliquée à la conduite de ses affaires.

Il faut revenir à l'examen des particularités de la dure condition des mainmortables en Franche-Comté.

Le mainmortable qui quittait le *meix* pour chercher à vivre ailleurs, était un déserteur qui ne pouvait rien réclamer de la succession du pauvre mobilier de son père. D'après la position faite à l'homme de condition servile, on est obligé de reconnaître que cette rigueur était logique, si l'on voulait assurer la culture des biens de mainmorte. Telle iniquité ne peut se maintenir par des règles dictées par la justice et par la bienveillance : la fin justifie les moyens. On espérait du moins que si un mainmortable n'a qu'une fille et que s'il la marie, celle-ci est réellement obligée de quitter le *meix* pour suivre son mari et habiter avec lui, sans que pour cela cette fille unique perdît ses droits à la succession du pauvre mobilier de ses père et mère.

Il n'en était rien, et c'est ce que prouve un acte notarié dont on a encore la minute.

Le 26 Janvier 1789, cinq mois avant l'ouverture des États-Généraux, une mainmortable, la femme Jean-Baptiste Lefranc, triste nom donné en la circonstance et comme une ironie du sort, voulant trouver un subterfuge pour sauvegarder ses droits dans la pauvre succession de ses parents, dut mettre en œuvre Mᵉ Guillaume, notaire à Pesmes, à l'effet de constater par acte authentique que « comme elle était obligée, *par les lois divines* « *et humaines*, de suivre son mari, en sa résidence, et par là, « quitter la *communion de ses père et mère*, voulant user et « profiter du *remède et de la faveur accordée par la coutume* « *générale* de la province aux filles de condition mainmortable, « elle a, en cet effet, en présence des dits notaire et témoin, *bu* « *et mangé en la maison résidentielle* des dits Le Franc et « Guyot, pour manifester la volonté qu'elle a de ne point rom- « pre la communion d'avec ses père et mère, et par là, pouvoir « leur succéder de la même manière que si elle était restée en « leur communion jusqu'à leur mort, laquelle communion no- « nobstant ledit mariage elle entend et prétend conserver, de

«tout quoy elle a eu besoin de l'authorité de son mary, présent
« et l'autorisant, etc...

    « Contrôlé à Pesmes, le 26 Janvier 1789. Reçu 15 sous.
    « Signé : Millot, (et plus bas) : Guillaume, notaire. »

A cette époque, 15 sols de Franche-Comté valaient seulement
8 deniers d'autrefois, à cause de l'abaissement de la monnaye
estevenante, soit 1 f. 20 c., ce qui représenterait aujourd'hui
à peu près 3 f. 50.

Ainsi, il fallait invoquer les *lois divines et humaines*, se justifier d'avoir *fait son devoir de femme mariée, simuler un
repas en la maison résidentielle et payer 3 f. 50* dans l'espoir qu'on pourra conserver le droit à sa part réduite d'héritage dans le pauvre mobilier de son père qui était mainmortable !...

Que pouvait réclamer un mainmortable qui « devant son ba-
« ron ou autre particulier ayant droit de seigneurie, chacun
« d'eulx en droit soy devait se reconnaître et confesser, pour
« lui et les siens, qu'il restait homme originel et juridique de
« condition servile, taillable, corvoyable » etc. à perpétuité,
sauf acte d'affranchissement moyennant finance ? Cette finance
devait à peu près dépouiller de tout l'homme qui parvenait à
la condition franche.

Il reste à parler du témoignage apporté dans cette question
par les souvenirs personnels et de famille des petits-fils de
mainmortables et tout d'abord des situations que ces mainmortables ont pu occuper dans la Société.

En général, le mainmortable était le cultivateur d'un *meix* ou
lot de terres proportionné comme labeur et comme récolte à ce
qu'il faut pour nourrir une petite et pauvre famille. Il pouvait
aussi être artisan, et plusieurs se réfugiaient dans l'armée et y
montraient d'autant plus d'ardeur à s'y faire une position, qu'ils
avaient la crainte de revenir au *meix* ou à un bien modeste ate-

lier. Quand Louis XIV reçut la capitulation de Dôle (14 février 1668) il déclara qu'il pardonnait aux officiers franc-comtois qui avaient fait leur devoir en défendant les droits de leur souverain légitime, le roi d'Espagne. Ainsi c'est un roi qui se plaint que des sujets soient fidèles et dévoués à leur souverain légitime ! Quant aux officiers étrangers qui se trouvent parmi les défenseurs de Dôle, le roi de France les réserve et il statuera sur les conditions de leur rachat. Or, parmi ces officiers, plusieurs sont mainmortables et comme tels, insolvables, en fait et en droit.

Les terres de Montmirey-le-Château, après avoir été données à Jeanne, reine de France, revinrent aux ducs et comtes de Bourgogne, puis aux rois d'Espagne. Un peu avant la conquête de Louis XIV, il y avait dans ce bourg un médecin qui était fils de mainmortable. A sa mort, le procureur fiscal, agissant au nom du seigneur du lieu, Philipe IV d'Espagne, fit saisir ses biens meubles pour sa part de *retenue*.

Avant la Révolution M. D...on était établi médecin à Besançon et y avait acquis du bien par sa belle clientèle. A sa mort, on fut étonné d'apprendre qu'il était mainmortable, en rupture légale du *meix* ou de l'atelier ; car le procureur fiscal intervint pour faire les retenues ordonnées par la *Coutume*. C'est ce que racontent encore ses petits-neveux qui se sont vus frustrés de tout cet héritage.

Morez était une des Communautés et une des paroisses de mainmortables de l'Evêché de St-Claude. Vers 1770, M. P...d, mainmortable des chanoines, fut autor ‛ ou chargé d'y établir une usine, un haut fourneau. Il réussit entièrement dans cette entreprise. Il ne pouvait se faire à l'idée que s'il se mariait et s'il avait des enfants, il n'était que le pauvre domestique de son industrie, et qu'à sa mort *il serait fait reprise*, au détriment de ses descendants, sur l'immeuble et sur les créances. Il resta célibataire ; il remit tout le produit de son commerce à

ses collatéraux, de la main à la main et en *cachette*. M. P..d!
se croyait d'autant plus autorisé à en agir ainsi que d'un côté,
Christin, avocat et maire de St-Claude, soutenu par Voltaire, et
que de l'autre, Louis XVI et l'archevêque de Besançon avaient
hautement réclamé la cessation de cette iniquité et de cette exploitation du travail d'hommes qui avaient droit à la liberté in-
dividuelle. Aujourd'hui l'usine fondée par ce mainmortable
prospère entre les mains d'une Société en commandite, et les
petits-neveux de ce mainmortable ont une certaine aisance créée
par cette usine avant la Révolution. Eux-mêmes racontent encore aujourd'hui quelle fut la position de leur arrière-grand-
oncle, et comment il a dû opérer pour pouvoir leur laisser le
fruit de ses peines et de son intelligence.

Aujourd'hui, l'expression de mainmortable ne rappelle plus
qu'un souvenir d'un passé fini sans retour. Cependant il reste
encore l'expression de *biens de mainmorte* qu'on a voulu appliquer aux biens des corporations religieuses pour dire que
ces biens proviennent de dons et de fondations charitables, et
qu'à ce titre, on ne peut en disposer, ni les vendre, ni les aliè-
ner, et que par conséquent, elles échappent à tout impôt de
mutation, de transmission. Cette prétention n'est pas admissi-
ble. Le seul fait vrai, c'est que ces biens ont été donnés pour
constituer des revenus et non point pour disparaître dans les
dépenses courantes de la corporation. Mais on peut avoir intérêt, comme on peut être amené par la loi des expropriations,
à les échanger, à les céder, à les vendre, sauf à consacrer le
prix de cette transaction à acheter d'autres immeubles ou à faire
des placements pour des valeurs en portefeuille.

Tous les immeubles sont soumis à une loi inévitable de
transactions, de ventes et de mutation. Dès le commencement
du XIV⁰ siècle, la royauté française a créé les impôts pour aug-
menter le produit des revenus de ses terres et elle a tout d'a-

bord frappé la vente des mobiliers et des immeubles pour y trouver les ressources nécessaires aux dépenses des services publics ; il ne saurait plus aujourd'hui y avoir d'exception : l'égalité des personnes devant la loi entraîne celle devant l'impôt.

En ce qui concerne la condition du mainmortable au moyen âge et sous l'ancien régime, elle fut surtout dure dans la Franche-Comté et elle ne s'y est éteinte, malgré bien des revendications, que par le fait de la Révolution française, tant elle y était organisée de manière à pouvoir braver ce que des rois, les États-Généraux de 1614 et Louis XVI, avaient tenté pour extirper cette dernière manifestation de l'esclavage. La preuve en est fournie par le grand nombre des publicistes distingués qui, voulant traiter cette question, se sont surtout occupés des mainmortables de la Franche-Comté et qui en ont pris la défense : Renauldon *(Mémoires)*, Voltaire et Christin *(Mémoires au roi sur les serfs du Jura ; La voix du curé, Politique et Législation)*, Beugnot *(Mémoires)*, Bailly *(Mémoires, t. II, p. 214, d'après le procès-verbal de l'Assemblée nationale du 7 août 1789)*, M. Clerget, curé d'Onœns (Doubs), Amelot, Perreciot, Lamoignon *(Projet de règlement)*, Boncert, l'Académicien André Morellet, Dunod, etc... On a le regret de ne pouvoir ajouter à cette série les noms de dom Grappin, ni celui de M. Hugon ; du moins, la question a été traitée à fond. Les écrivains cités plus haut ont bien démontré l'iniquité de la mainmorte et ils ont fait un tableau fidèle et complet des souffrances des derniers mainmortables.

Conclusion. — On pourrait peut-être croire que cet aperçu rétrospectif sur les rigueurs du passé contre les déshérités du sort, n'a plus aucun objet aujourd'hui, qu'on parle là de souvenirs pénibles qui ne répondent à aucune réalité de l'état des sociétés au XIXe siècle. On oublie trop, que chez les peuples catholiques, l'esclavage et plus encore la traite des nègres se pratiquaient même au-delà de la première moitié du XIXe siècle ; et ce que l'on voudrait cacher, maintenant que le succès n'a pas répondu à des espérances coupables, c'est que dans la plupart des États d'Europe, en France comme en Espagne et à Rome, les ennemis de la démocratie et de la République, ce qu'on est convenu d'appeler les classes dirigeantes, l'Empire lui-même qui se disait libéral, tous alors faisaient ouvertement des vœux pour le succès des États confédérés du Sud dans la *guerre de sécession*. C'est à ce point que sur la terre de France, un négrier du Sud a pu, en 1864, être reçu dans le port de Brest, sous le règne de Napoléon III, y faire ample provision de charbon, comme si aujourd'hui, avec l'emploi de la vapeur et avec les conditions de la vitesse de marche pour évoluer en mer, le charbon n'était pas assimilable au matériel de guerre. Après le chargement de ce combustible, ce négrier dut sortir de la zone neutre des eaux des côtes, et subir un combat naval avec le vaisseau de guerre des États du Nord, c'est-à-dire des États anti-esclavagistes, qui l'attendait. Le succès resta du côté de la défense des droits de l'humanité, et, en présence d'un public nombreux qui suivait de loin les péripéties de la lutte, depuis les hauteurs de Brest, on vit sombrer le négrier, emportant avec lui, au fond de la mer, ce charbon que, par ordre du gouvernement impérial, la France, cette généreuse nation, avait dû fournir au vaisseau des États esclavagistes. Cet échec fut un grand désappointement pour les ennemis de la Révolution, de la démocratie et de la République.

Quant à ceux qui ne se croiraient pas encore édifiés par l'exposé de ce qui précède, on peut leur opposer les propres déclarations de dom Grappin lui-même, lui, l'admirateur ou tout au moins le défenseur de la mainmorte. Celui-ci termine ainsi sa *dissertation* sur cette question :

« Il ne reste plus de vœux à former que pour l'abolition de la monstrueuse servitude qui excite tant de gémissements dans nos colonies. Comment la France, nation éclairée, dont l'humanité est devenue le cri général, voit-elle encore sans émotion une multitude d'hommes avilis, et dont l'état doit plus toucher des cœurs sensibles que l'esclavage des Romains ? »

Autrefois, même au milieu des horreurs des guerres civiles et des guerres de religion, nos ancêtres se piquaient d'honneur d'avoir d'autres sentiments que ceux de la majeure partie de la tête actuelle de la société française. En voici un exemple emprunté à la vie d'un grand homme de guerre, à celle du duc François de Guise, à propos de sa belle conduite à la défense de Metz, en 1552. Un officier espagnol, après la levée du siège, lui réclama un esclave qui s'était sauvé dans la ville en lui emmenant un de ses chevaux. Le duc racheta lui-même le cheval et le renvoya aussitôt à cet officier. Quant à l'esclave, il ne le rendit pas et il répondit ceci : « Cet homme est devenu libre en mettant le pied sur la terre de France. Le rendre pour qu'il retrouve ses fers, ce serait violer les lois du royaume ». (Biographie universelle de Michaud, T. 18, p. 224. 4. P. E). Voilà l'axiome qui avait cours en France, dès la découverte de l'Amérique, et même dès qu'on eut des relations avec les races nègres de l'Afrique.

En conséquence, il faut espérer que si le duc de Guise se fût trouvé à Brest en 1864, bien loin de lui laisser faire provision de charbon, il eût retenu et même capturé ce navire qui pratiquait la traite des nègres, et qui tout au moins combattait pour le maintien de l'esclavage.

C'est la première République qui a fait disparaître les derniers vestiges de la mainmorte en France. Napoléon ayant détruit l'œuvre de la Révolution et renié le programme de ses Réformes, c'est la deuxième République et, elle seule, qui a supprimé l'esclavage dans les colonies françaises, et qui 'a ainsi fait accélérer le mouvement de l'émancipation des nègres dans toutes les colonies de l'Europe, dans l'Amérique du Nord et au Brésil.

C. BOISSONNET,
SOUS-INTENDANT MILITAIRE EN RETRAITE.

Poligny, imp. Collez.